União é Paz

Discurso proferido por

Sri Mata Amritanandamayi

Por ocasião da Celebração Inter-Religião em honra ao 50º aniversário das Nações Unidas

Mata Amritanandamayi Center, San Ramon
Califórnia, Estados Unidos

União é Paz

Discurso de Sri Mata Amritanandamayi

Por ocasião da Celebração Inter-Religião em honra ao 50º aniversário das Nações Unidas
Nova Iorque, 21 de outubro de 1995

Traduzido por Swami Amritaswarupananda Puri

Publicado por:
    Mata Amritanandamayi Center
    P.O. Box 613
    San Ramon, CA 94583
    Estados Unidos

———————— *Unity is Peace* (Portugese) ————————

Copyright © 2012 de Mata Amritanandamayi Mission Trust, Amritapuri, Kollam, Kerala 690546, Índia

Todos os direitos reservados. Nenhuma parte desse livro, exceto breves citações, poderá ser reproduzida ou transmitida, sejam quais forem os meios empregados: eletrônico, mecânico, fotográfico, gravação ou quaisquer outros, sem autorização prévia por escrito da editora.

Primeira edição em português por MA Centro: abril 2016

No Brasil: www.ammabrasil.org
Em Portugal: www.ammaportugal.org
Em Índia:
    www.amritapuri.org
    inform@amritapuri.org

Conteúdo

Prefácio 4

Introdução 7

União é Paz 13

Prefácio

Quem imaginaria uma simples aldeã de uma vila remota de pescadores do sul da Índia, que nunca completou sua educação formal, de aparência extremamente humilde e rústica, vestida com roupas brancas simples, falando ao Parlamento Mundial das Religiões em Chicago (em 1993), plataforma que foi dividida entre eminentes acadêmicos de todo o mundo; e depois dando um discurso na Celebração Inter-Religião (em Nova Iorque, em honra ao quinquagésimo aniversário das Nações Unidas), capturando a atenção e apreciação das pessoas mais educadas? Vivendo em uma era em que a existência de Deus e a relevância da espiritualidade são seriamente questionadas e até criticadas, que explicações podem os assim chamados intelectuais e cépticos darem a uma personalidade tão irresistível como a da Amma, a Mãe Divina Amritanandamayi?

Nossa sociedade moderna, na qual as pessoas correm freneticamente atrás das fantasias passageiras da vida, está soterrada em desapontamentos e frustrações. A ciência dá grandes passos à frente, mas ao mesmo tempo, a existência dos seres humanos na face da terra está sendo con-

Prefácio

---

frontada por diversas ameaças. A humanidade perdeu contato com a verdadeira vida baseada em valores mais elevados. A atual era, que pode de fato ser chamada de "Era da Agonia", precisa de uma solução espiritual para despertar os seres humanos de seu sono. Já passa da hora de darmos uma boa olhada nos problemas que afetam cada país, e de tentarmos resolver esses problemas por um viés espiritual. Como diz a Mãe em Seu discurso: "A ciência, que até agora se desenvolveu através do intelecto humano, só pode ser aperfeiçoada através da meditação. Somente através do conhecimento do Ser interior que a ciência poderá atingir seu ápice."

Falando sobre "Visões para o Século 21", Amma, a Sua própria maneira, simples e lúcida, discorre sobre os problemas básicos da vida e sugere soluções espirituais.

Somente grandes Mestres como a Amma, que mergulharam fundo em sua própria consciência, podem guiar a humanidade pelo bom caminho. Uma integração nacional genuína e união entre os diferentes países e seus povos só se torna possível com a Luz e o Amor que os Mestres semeiam nos corações dos seres humanos. A presença radiante de um verdadeiro Mestre é um solo fértil, de onde podemos simplesmente deslizar para a luz e a real liberdade, amor e união, como brotos alimentados pela terra saindo para o sol quente da primavera.

Somente através do amor a humanidade poderá ser unida. Como a Mãe menciona em sua palestra: "Uma gota de água não pode ser um rio; um rio é formado de inúmeras gotas de água. É a união de inúmeras gotas que cria a correnteza. A verdadeira correnteza da vida está na união, na União que nasce do amor".

O fenômeno conhecido como Mata Amrita-nandamayi é tão misterioso quanto o universo. Quanto mais nos aproximamos d'Ela, mais misteriosa Ela se torna. Não sei como você, o leitor, explicaria o maravilhoso fenômeno que é a Amma. Uma pessoa como eu só consegue prestar reverência, em silêncio total e humildade, e entregar-se defronte a essa incrível e incompreensível personalidade, que acredito ser Sarvatita, que está além de tudo – o próprio princípio do Além.

As palavras contidas nesse livro darão ao leitor um vislumbre da sabedoria infinita que a Mãe comunica à raça humana.

– Swami Amritaswarupananda

Introdução

Uma onda de sussurros – "Quem é Ela...?" "Quem é Essa..?" "Quem...?" "Quem...?" "Quem...?" – preenchia o salão Synod da Catedral de Saint John the Divine em Nova Iorque, enquanto inúmeras câmeras disparavam seus flashes, e pescoços se estendiam para olhar nossa amada Amma entrar e tomar Seu assento. A ocasião era o encontro dos líderes religiosos para celebrar o qüinquagésimo aniversário das Nações Unidas. Não foi descrédito do palestrante que estava no pódio quando todas as cabeças se voltaram 180 graus na direção da "Luz Brilhante" que roubava toda a atenção e corações de muitos. Afinal, quem poderia competir pela atenção de mais de um quinto dos participantes, que pareciam ser devotos apaixonados da Amma, representando grupos de satsang de cada região dos Estados Unidos, Canadá e outros.

Amma foi ativamente caçada pelo comitê organizador da conferência das Nações Unidas para "Visões para o Século 21". Como sempre, Ela deixou todos em suspense, quanto a Sua participação até o último minuto, quando centenas de devotos correram às companhias aéreas para acertar suas viagens e encontrar com a Amma em Nova Iorque.

A principal apresentação da Amma nas Nações Unidas foi no Sábado, dia 21 de Outubro quando Ela participou da mesa-redonda que incluía o Prêmio Nobel da Paz, Oscar Arias, ex-presidente da Costa Rica e Dada Vaswani, chefe da Missão do Sadhu Vaswani.

Mais tarde, Amma, Swami Amritaswarupananda, Swami Ramakrishnananda, Swami Amritatmananda, Swami Premananda, Swamini Amrita Prana, Swamini Krishnamrita Prana e Brahmachari Dayamrita Chaitanya caminharam juntos em procissão com os outros líderes religiosos pela catedral. Cada tradição apresentou uma prece, uma canção ou uma dança para celebrar a união divina de todos.

Como despedida, os diferentes líderes espirituais que estavam representando cada religião invocaram a paz, e a Amma, representando o Sanatana Dharma, recitou com o público o mantra "Om Lokah Samastah Sukhino Bhavantu".

O aniversário das Nações Unidas começou com orações e visões das antigas tradições religiosas mundiais, pois a verdadeira compaixão só pode ser atingida através de práticas espirituais.

Introdução

No "Despertem filhos" volume cinco, a Amma diz que a compaixão é uma extensão da fé na existência do Amor que a tudo permeia. "Quando o amor se torna o Amor Divino, a compaixão também preenche o coração. O Amor é o sentimento interior e a com-paixão sua expressão. A compaixão não vê os defeitos dos outros. Ela não vê as fraquezas das pessoas. Ela não faz distinção entre as pessoas boas e más. A compaixão não pode desenhar uma linha entre dois países, duas fés ou duas religiões. A compaixão não tem ego; assim não há medo, cobiça ou fúria. A compaixão simplesmente perdoa e esquece. A compaixão é como uma passagem. Tudo passa através dela. Nada pode ficar ali. A com-paixão é o amor expressado em sua plenitude."

O Templo da Compreensão e o Conselho das Religiões e as Organizações Inter-Religião promoveram essa conferência, um foro para os líderes religiosos, diplomatas, ONGs e educadores, para apresentarem suas visões do próximo século. A declaração da conferência seria apresentada às Nações Unidas durante a Reunião do 50º Aniversário. Dr. Karan Singh, presidente do Templo da Compreensão, abriu a sessão com versos sagrados. Elaborou sobre a intenção da celebração que era inspirada pelo reconhecimento da necessidade das "dimensões políticas serem informadas pelas dimensões espirituais", e que as Nações Unidas e a UNESCO deveriam prover um novo paradigma de pensamento que se centre na responsabilidade de fomentar valores globais de atenção, com-paixão e tolerância. Dentre os trinta e dois palestrantes havia líderes religiosos de diversas tradições, assim como alguns chefes de estado, e eruditos. As outras religiões representadas eram o Budismo, Cristianismo, Judaísmo, Islamismo, Xintoísmo, Siquismo, Zoroastrianismo, Baha'I e Akapim, Religião Tradicional de Gana.

A Assembléia Inter-Religião pediu o suporte interativo da comunidade religiosa com as Nações Unidas, os Estados Membros das Nações Unidas e ONGs. Jonathan Granoff, presidente da Conferência, escreveu: "O enquadramento institucional dominante no mundo atual é o de nação-estado. A estabilidade das nações é a estrutura institucional da qual originam-se as atividades das Nações Unidas. Propomos mais uma dimensão: a expressão de humanidade plena baseada em valores universais com teoria e políticas sociais que manifestem esses valores.

Essa fundação fundamentalmente moral para políticas sociais não mais pode ser ignorada. Poderemos avivar o coração e o horizonte da humanidade, apenas se descobrirmos suas raízes mais profundas. O mundo não precisa de nada mais."

A entrada da Amma no saguão e Sua presença durante as apresentações foram deslumbrantes. Sua mensagem única, traduzida por Swami Amritaswa-rupananda, foi um refresco para os ouvidos ansiosos pela Verdade, que somente um Mahatma pode dar.

União é Paz

Discurso de
Sri Mata Amritanandamayi

Por ocasião da Celebração Inter-Religião em honra ao 50º aniversário das Nações Unidas, Nova Iorque, 21 de outubro de 1995.

Saudações a todos presentes, que são, de fato, a natureza do Amor Supremo.

A Mãe gostaria de fazer uso dessa oportunidade para expressar seu reconhecimento pelos esforços dedicados daqueles que servem às Nações Unidas e ao Templo da Compreensão pelo interesse na paz mundial. Que seu trabalho encontre apoio crescente entre os povos e as nações do mundo.

Crescer e se desenvolver é o lema de todas as nações e indivíduos nos tempos modernos. Não é bom crescer e se desenvolver? Certamente! Esses são sinais de vida de verdade. A própria vida murcharia se não houvesse crescimento e desenvolvimento. Sem esses dois fatores, a vida não tem sentido. Muitos países vivenciaram incrível crescimento econômico, entretanto, esses países ainda têm infindáveis problemas, inclusive ameaças externas. Em geral, as pessoas em todos os países estão insatisfeitas e inquietas, suas mentes cheias de medo e desconfiança. O mundo está queimando como um vulcão; os povos e as nações estão prontos para pisotear e destruir uns aos outros, se for dada oportunidade.

A Mãe não está dizendo que o bem e pessoas boas desapareceram completamente da face da terra. Existem, claro, pessoas virtuosas, e organizações como as Nações Unidas, que lutam duro para restaurar a paz perdida e a harmonia desse planeta. Mas no mundo, o bem não está crescendo na velocidade necessária para resistir às forças de crescimento rápido do mal. Esquecemos o amor, a atenção e a confiança que se espera que os seres humanos demonstrem uns aos outros. "Desde que eu obtenha o que eu quero, não me importo como é feito!" É dessa maneira que muitos pensam, e pensamentos de cada indivíduo são refletidos, tornando-se os pensamentos coletivos de uma nação. O desenvolvimento material de um país não é o único critério pelo qual o crescimento de uma nação pode ser medido. O progresso também deveria ser avaliado na luz das tendências inerentes das pessoas e a qualidade de seus pensamentos. Ao competir umas com as outras por motivos mesquinhos, as pessoas estão sacrificando os valores mais elevados da vida. Essa é a condição da sociedade moderna. É uma situação trágica.

A vida tornou-se quase um campo de batalha, onde não há ninguém próximo e querido, mas somente inimigos. Os que hoje trabalham lado a lado, mais tarde se dividem e se encontram lutando contra o outro. O ego e o egoísmo do homem transformaram os relacionamentos humanos em empreendimentos baratos. Nossa preocupação com nossos semelhantes se perdeu. Nossas qualidades de seres humanos genuínos estão sendo sacrificadas.

Existe uma história de um homem envolvido em um processo judicial. Ele achou que podia perder a causa e, em seu desespero, disse ao seu advogado que estava pensando em mandar para o juiz um conjunto completo de tacos de golfe como suborno. O advogado ficou chocado e respondeu: "O juiz tem muito orgulho de sua honestidade. Ele não pode ser comprado; se você fizer isso, só servirá para torná-lo contra você."

O homem ganhou a causa e, quando tudo havia terminado, convidou seu advogado para jantar. Expressou seu agradecimento ao advogado por seu conselho em relação aos tacos de golfe. "De fato, mandei-os para o juiz," – disse – "mas mandei-os em nome do nosso oponente."

É assim que funcionam as mentes de muitas pessoas no mundo atual. Há uma falta de valores espirituais e humanos.

Os países alegam ter feito grande progresso em diversos campos. Pode ser verdade, mas como um todo, seu crescimento está limitado. Um país pode estar crescendo externamente, mas a alma interior pode estar enfraquecendo.

Imaginemos uma pessoa muito bonita e de personalidade atraente. Ela pode estar gravemente doente; e se estiver morrendo de doença cardíaca? Essa é a condição de muitos países: a fachada externa é embelezada, mas o interior está caindo aos pedaços.

Houve uma época em que os seres humanos contemplavam os fenômenos naturais com total assombro e encantamento. Com o passar do tempo, eles começaram a observar e indagar mais profundamente a respeito desses fenômenos, ao invés de simplesmente olhar para eles. Hoje, nes-

Discurso de Sri Mata Amritanandamayi

sa idade da ciência, o homem empenha-se em se aprofundar nos mistérios do universo. O homem inventou muitas coisas com seus experimentos. Até mesmo descobriu os últimos componentes do átomo. O homem foi à Lua. Muitos sonhos, que antigamente eram considerados inatingíveis, foram alcançados e estão sob o controle do homem. Por sua pura capacidade intelectual, o homem até estabeleceu sua supremacia no espaço. Também, desenvolveu computadores para fazer quase qualquer tipo de trabalho. Ainda assim, existe uma coisa que permanece desconhecida, além do alcance do homem, e essa coisa é o poder infinito do Ser interior. O homem permanece ignorante da verdade de que o Poder Universal existe dentro de si. Essa crença ainda não se enraizou nele. A verdade Suprema só pode ser conhecida através da fé e da meditação.

Permitamos que nosso esforço em descobrir nossa própria natureza essencial – esse Poder Universal interior – seja a característica do milênio que estamos adentrando. Reconheçamos esse como um dos objetivos importantes do próximo século. Não teremos nada a perder acreditando no poder infinito do Ser, exceto a escravidão de nossa própria ignorância. A corrente de limitações que nos prende deve quebrar de maneira a abrir nossos corações para conhecermos uns aos outros e compreendermos a dor e o sofrimento dos outros nos colocando em seus lugares.

A ciência, que até hoje se desenvolveu através do intelecto humano, só pode ser aperfeiçoada através da meditação. Somente através do conhecimento do Ser interior, a ciência poderá atingir seu mais elevado ápice. No que diz respeito à ciência moderna, o mundo inteiro se divide em duas categorias: o conhecido e o desconhecido. No futuro, os cientistas podem descobrir muito sobre o que ainda não é conhecido. Mas o inexplicável, aquilo que está muito além do intelecto, é que devemos buscar descobrir, e isso é Deus, ou nosso próprio e verdadeiro Ser.

Tendemos a ficar orgulhosos de nosso conhecimento. Mas se pararmos para pensar um instante, nós entenderemos que estamos levando uma vida quase que inconsciente. Quantas vezes por dia estamos de fato conscientes de nosso próprio corpo? Quando comemos, não estamos nem conscientes de nossa própria mão que nos alimenta, nem da língua em nossa boca. Quando caminhamos, não estamos conscientes de nossas próprias pernas. Será que somos conscientes de nossa respiração? Ao olharmos em volta e observamos toda a beleza e feiúra na nossa frente, estamos conscientes de nossos olhos? Estamos levando uma vida inconsciente. Como podemos ser orgulhosos e pensar que somos conscientes e onicientes?

Podemos negar Deus, mas o intelecto não pode comprovar ou refutar Deus. Se fosse possível para o intelecto provar a existência de Deus – se o intelecto pudesse conter Deus em seu domínio – significaria apenas que o intelecto era maior que Deus. Se Deus pudesse ser compreendido pelo intelecto, então, Deus e religião não seriam necessários. A ciência e o intelecto seriam o bastante. Um deus sob controle do intelecto não é o que precisamos. O que temos necessidade é de fé em um Poder Supremo que controle todo o universo, que esteja além da mente e dos sentidos, e que faça até o próprio intelecto funcionar. Devemos investigar a Fonte desse Poder, que existe dentro de nós mesmos. Somente a fé nesse Poder Cósmica, junto com a meditação para conhecer esse Poder Supremo, nos ajudará a obter conhecimento do Ser, União, paz e tranqüilidade.

Devemos investigar a Fonte desse poder que faz até o próprio intelecto funcionar. Esse Poder existe dentro de nós mesmos. É de fato o substrato de nossa existência – e nossa existência não pode ser negada. A existência do mundo, a existência de tudo na natureza, não pode ser negada. A verdade "eu existo" é evidente. Você pode negar Deus dizendo: "Deus é só uma crença", mas a existência não pode ser refutada. Essa existência, esse Poder Cósmico, é Deus. Deus não tem mãos, pernas, olhos ou corpo separado, diferente do nosso. Ele se move através de nossas mãos, anda com nossas pernas, vê através de nossos olhos, e é Ele que bate dentro de cada um de nossos corações.

Em uma vila, havia uma linda estátua de um Santo (*Mahatma*) com seus braços abertos. Em uma placa abaixo da estátua lia-se: "Venha para Meus braços!" Um dia, houve um grande tumulto na vila com muita destruição em toda parte, e a estátua foi danificada – os braços se quebraram. Os aldeões gostavam muito da estátua e ficaram muito chateados. Eles se juntaram e decidiram fazer novos braços para a estátua. Mas um senhor de idade levantou-se entre eles e disse: "Não, não se preocupem em fazer novos braços para a estátua. Deixe-a sem braços."

Os aldeões ficaram se perguntando: "Mas, então qual seria a inscrição abaixo da estátua? Ela diz: 'Venha para meus braços!'" O senhor respondeu: "Isso não é problema. Abaixo das palavras 'Venha para meus braços', vocês deveriam adicionar: 'Mas não tenho outros braços, senão os seus.'"

"Venha para meus braços, *mas não tenho outros braços, senão os seus.*" Isso é o que Deus nos diz constantemente.

Quando uma criança nasce, ela não está condicionada por nada. Mas as pessoas que cercam essa criança – seus pais, irmãos, amigos e a sociedade – a ensinam a adquirir diferentes hábitos. Eles a educam de uma certa maneira, em uma certa cultura, com sua própria linguagem, comida, educação, religião, costumes e hábitos. Tudo a sua volta a condiciona. Ensinamos tudo a ela, exceto sobre o poder infinito de seu próprio Ser.

Somente os seres humanos são conscientes de si mesmos. Uma vaca e um cachorro não são auto-conscientes. Uma vaca nunca pensa: "Eu sou uma vaca indiana ou uma vaca americana ou uma vaca branca ou preta ou jérsei." Somente o homem é consciente de tais diferenças.

Esse universo é um, não muitos. O homem dividiu o mundo em fragmentos, não Deus. É o homem que através de seus pensamentos e ações cria confusão e desintegração na unidade natural harmoniosa do mundo. Cada átomo serve como um bloco de construção desse universo e é intrinsecamente conectado a cada outro átomo. Esse planeta onde vivemos não é uma entidade funcionando separadamente do universo. Tudo é parte do Todo. Quando algo bom e edificante acontece em algum lugar, essas vibrações são refletidas na Mente Universal única. No caso de um mau ato, suas vibrações negativas são refletidas. A intensidade da reflexão depende da intensidade da ação boa ou má que fazemos. Infelizmente, no mundo moderno, o egoísmo e maldade humanos tornaram-se predominantes. Como resultado, as vibrações da família única mundial refletem tal negatividade.

A força vital que pulsa nas árvores, plantas e animais é a mesma força vital que pulsa em nós. A mesma energia vital que nos dá o poder de falar e cantar, é o poder atrás da música dos pássaros e do rosnar dos leões. A mesma consciência que flui dentro e através de todo ser humano, empresta seu poder ao movimento dos ventos, ao fluir dos rios e à luz do Sol. Como pode haver qualquer noção de diferença quando esse princípio sutil é entendido? Quando avaliamos nosso crescimento e desenvolvimento na luz dessa notável Verdade, nos perguntamos se os seres humanos de fato se desenvolveram ou cresceram de alguma forma. O progresso que vemos hoje, é um crescimento dividido. Somente algumas partes estão crescendo – o mundo como um todo permanece enfermo. Não podemos chamar isso de verdadeiro progresso.

Tomemos o corpo humano como exemplo. O corpo como um todo, com seus órgãos internos e externos, deve crescer na proporção correta para manter sua saúde e bem estar. Somente então, pode-se considerar como verdadeiro crescimento. Se apenas a cabeça crescesse enquanto as outras partes do corpo permanecessem subdesenvolvidas, seria um crescimento doentio, desproporcional. Tal pessoa ficaria doente e deformada. De forma similar, as nações devem crescer, não apenas materialmente, mas também em valores espirituais e humanos.

União é Paz

Isso é como a pessoa que sofria de dois males: um problema nos olhos e outro no aparelho digestivo. Essa pessoa foi ao médico que lhe deu gotas para os olhos e um remédio para o estômago. Infelizmente, em sua agitação, o paciente confundiu as instruções do doutor; foi para casa e tomou uma dose de colírio e colocou gotas do remédio de estômago nos olhos. Como resultado, ficou pior dos dois males. Da mesma forma, estamos misturando os vidros, tomando o remédio errado para o problema errado. Hoje, existe uma grande confusão em relação a nossas vidas. A importância que damos atualmente ao corpo e ao mundo externo deve ser dirigida para o desenvolvimento do conhecimento do Poder Universal que reside dentro de nós. Mas fazemos o contrário. O resultado é um mundo se deteriorando rapidamente.

A mente humana está ficando mais e mais dividida. Houve um tempo em que somente um médico era o bastante para todas as doenças. Hoje em dia, temos médicos para cada doença. Há um médico para o intestino grosso e um médico diferente para o intestino delgado. O médico de ouvido não sabe muito sobre os olhos, nem o do coração sabe sobre o estômago. Eles não estão interessados nas outras partes diferentes do seu campo de especialização. Somente se o tratamento considerar o corpo como um todo, é que será eficiente. Somente então, a pessoa pode ter saúde perfeita.

Quantos médicos sabem alguma coisa sobre o sistema corporal inteiro? Os médicos estudaram, mas seu conhecimento permanece apenas teórico. Na vida prática, estão apenas interessados em um aspecto particular do corpo. A Amma não está dizendo que a especialização é inútil. É evidente que traz benefícios; ela ajudou a determinar a raiz de cada doença e a desenvolver tratamentos efetivos. Ainda assim, de uma situação onde havia um médico para o corpo inteiro, chegamos ao ponto onde precisamos de um médico para cada órgão do corpo. A mente segue dividindo. Os talentos e capacidades humanos não estão sendo aproveitados da melhor forma. Por causa das divisões da mente e de nossas energias, nossos verdadeiros talentos não estão sendo expressos. Devido a essa divisão, nosso poder de concentração e nossa vitalidade estão se enfraquecendo.

Os seres humanos categorizam e dividem todos os setores da vida. Eles dividem tudo.

União é Paz

Quando a mente se divide, a vida do homem também se torna dividida. Uma divisão na mente do indivíduo pode levar à divisão na família, que por sua vez será refletida na sociedade, na nação e no mundo inteiro. Essa postura segregacional está se espalhando como uma doença contagiosa. Toda a raça humana está sendo dividida. As pessoas estão ficando divididas interna e externamente – uma grande distância da União e integração. A razão dessa divisão e confusão é nossa ignorância do princípio essencial da vida.

Assim como o corpo, o mundo é um todo, uma unidade. As diferentes nações são seus diferentes órgãos. Os povos que vivem nesse planeta são a alma, a vida desse mundo. Devemos mostrar a mesma ânsia de criar harmonia no mundo interior – que é a própria vida de um país – quanto a que demonstramos em direção ao progresso material do mundo exterior. Os pensamentos e as ações das pessoas dão a cada país seu poder, vitalidade e paz.

No passado, a natureza nos protegia, alimentava e sustentava. Mas a interferência pouco inteligente e a exploração egoísta da Mãe Natureza pelo homem, transtornaram seu equilíbrio delicado. Isso está se manifestando em efeitos negativos pelo mundo todo. A chuva, o vento e o sol, que vinham em proporções corretas a cada estação, agora vêm irregularmente, frequentemente com efeitos devastadores. É nossa responsabilidade restaurar a harmonia perdida da natureza.

As pessoas, especialmente da geração mais nova, estão ficando viciadas em drogas e tóxicos, perdendo assim sua vitalidade, criatividade e capacidade de se beneficiarem e de beneficiarem o mundo. A geração mais nova, que deveria florescer e dar fragrância ao mundo, está, em vez disso, murchando no estágio de botão. Uma geração já se desviou do caminho da virtude. De maneira a reconstruir uma sociedade saudável e integrada, devem ser ensinados valores morais e espirituais às crianças. Essa ênfase deve ser integrada aos sistemas educacionais mundiais.

Reparar essas condições cruciais que afetam o futuro do mundo deveria ser reconhecido como meta importante do século 21.

Um único e mesmo ritmo e melodia pulsa em toda a criação. Ao realizarmos essa verdade, todas as contradições e diferenças se dissolverão e desaparecerão. Então, escutaremos a música eterna do Ser, interna e externamente. A flor divina da paz, amor e tranqüilidade desabrochará e sua fragrância se espalhará por todo o mundo.

Atualmente, os países se preocupam apenas com seu próprio progresso. As tradições e sentimentos das outras nações e seus povos são completamente ignorados. Quando avaliamos essa situação considerando o mundo todo como um único corpo, uma unidade, tal crescimento só pode ser encarado como crescimento parcial. Uma nação é apenas um órgão, parte do todo do corpo. Como então, pode o crescimento de só um país ser considerado um crescimento integrado e completo? Tal crescimento nunca vai nos ajudar a ganhar paz e União, porque o desenvolvimento das outras partes do mundo permaneceu limitado.

As pessoas em vários países estão sofrendo; existem pessoas sendo torturadas. Quando um país não faz esforço algum para compreender e assimilar os senti-mentos e tradições da outra nação, ou quando tenta pisoteá-la, é como se estivesse ferindo sua mão esquerda com a mão direita, ou como se estivesse tentando remover seu próprio olho. É como uma pessoa torturando os membros da sua própria família somente para satisfazer seus desejos.

Discurso de Sri Mata Amritanandamayi

Nós esquecemos que trabalhar para a restauração da paz e união nesse mundo é o primeiro e mais importante dever de todo ser humano. Sem a realização da subjacente unidade do Ser – a Consciência única, que a tudo permeia – a paz e a união não poderão ser atingidas. Para satisfazer esse dever, devemos crescer espiritualmente junto com nosso progresso material.

Cada nação deve desenvolver uma atitude de união, deixando de lado sentimentos de separação. Cada país deve tomar medidas na direção da prosperidade material plantando seus pés firmemente nessa fundação de União.

Cada país deve fazer um esforço consciente para ser mais sensível em relação às outras nações. Devemos ver cada nação como parte integral das outras nações. Somente quando fizermos o esforço de compreender as dificuldades e a dor de outros países é que poderemos agir e trabalhar juntos no espírito unitário do amor. Somente então, esse mundo crescerá com perfeição, com União, como um todo. Somente tal crescimento trará equanimidade, irmandade e paz. De outro modo, o resultado será fraqueza e deterioração. Nenhum crescimento verdadeiro ocorrerá.

Esse mundo é como uma flor. Cada nação é uma pétala. Se uma pétala está infestada, isso não afeta as outras pétalas? A doença não destrói a vida e a beleza da flor? Não será o dever de cada um de nós, proteger e preservar a beleza e fragrância dessa flor única mundial da destruição? Esse nosso mundo é uma grande e maravilhosa flor com muitas pétalas. Somente quando isso for compreendido e tornar-se uma idéia profundamente entranhada em nós, é que poderá haver verdadeira paz e união. O cabo de guerra entre as nações é como um cabo de guerra entre as pétalas de uma flor. Competição entre as pétalas somente resultará em todas as pétalas murchando. Toda a flor será destruída. A divisão somente dissipará nossa energia e vitalidade; o poder genuíno se encontra na União, não na divisão.

O mundo inteiro se torna nossa família quando realizamos nossa União com esse Poder Universal. Uma vez que esse conhecimento desperta em nós, não mais podemos trabalhar para o benefício de poucos, ou para uma única comunidade, ou para uma nação específica. Uma vez que realizamos essa verdade, todo o universo se torna nossa própria morada. A criação por completo se torna nossa. Percebemos que tudo é permeado com a consciência de Deus, com o Poder Divino Supremo. Esse universo se transforma em nosso próprio corpo; as diferentes nações e seus povos se transformam em partes do nosso corpo universal. As pessoas que vivenciam isso estão além de qualquer divisão. Elas se tornam personalidades completamente inteiras e integradas. Tais personalidades são personificações de puro e imaculado Amor. Expressando esse Amor Divino através de todas suas palavras e atos, elas inspiram as pessoas e transformam suas vidas.

Juntos somos um poder, um poder invencível. Quando trabalhamos juntos, lado a lado, com amor, não é só uma força vital, mas sim, a energia vital de inúmeras pessoas – do grupo, que flui em harmonia desimpedida. Desse fluxo constante de União, dar-se-á o verdadeiro progresso, e veremos nascer a paz.

Uma gota d'água não pode ser um rio; um rio é formado de numerosas gotas d'água. É a união de inúmeras gotas que cria a correnteza. A verdadeira correnteza da vida está na união, na União que nasce do amor.

Oremos e meditemos juntos. Esse é o caminho para alcançar o porto da paz. Quando meditamos e rezamos em grupo, a energia vital de todos nós flui harmoniosamente para um único feixe, espalhando uma fragrância divina encharcada pela doçura do amor. Isso gerará vibrações de paz e União na atmosfera. Sintonizando nossas mentes com o Poder Supremo e esquecendo todos os pensamentos de divisão, abramos nossos corações e digamos com sinceridade a seguinte prece:

> Lokah samastah sukhino bhavantu
> *Que todos os seres, neste e em todos os*
> *outros mundos, estejam em paz e felizes.*

Nesses momentos de prece, as vibrações desta oração são refletidas nas mentes de todos, trazendo paz e tranqüilidade.

> Om Shanti Shanti Shantihi
> *Paz, Paz, Paz.*

www.ingramcontent.com/pod-product-compliance
Lightning Source LLC
Chambersburg PA
CBHW070049070426
42449CB00012BA/3207